É. Couzon & F. Dorn
Illustrations : M. Schaller

ÊTRE HEUREUX

Le cahier d'exercices qui vous veut du bien

esf
EDITEUR

Dans la même collection

Apprivoiser son stress
Booster sa bonne humeur en riant davantage
Être un retraité heureux
Être zen
Faire durer l'amour
La méditation de pleine conscience
Méditer avec les enfants
Mieux se connaître
Parents zen et enfants épanouis
Vive les amoureux !

À paraître (liste non exhaustive) :

Bien vivre ses émotions
Cultiver l'amour de soi
Être bien dans sa peau
Réenchanter sa vie

Directeur : Pierre-Olivier Bonfillon
Directrice éditoriale : Françoise Kerlo
Responsable d'édition : Virginie Hamelin
Chef de fabrication : Flora Bellanger

Mise en page : Chloé Sadoun, polnor@wanadoo.fr
Illustrations : Maëlle Schaller

ISBN : 978-2-8104-1587-8

LE BONHEUR EST DIFFÉRENT POUR CHACUN !

Il dépend beaucoup de nos réponses à la question :

QU'EST-CE QUI ME REND HEUREUX, MOI ?

Vivez-vous pleinement votre vie
ou suivez-vous un chemin tracé par d'autres ?
La meilleure façon de le savoir est de vous laisser guider au fil
de cet itinéraire conçu pour vous aider à peaufiner
« Votre » recette du bonheur...

« Il n'y a point de chemin vers le bonheur, le bonheur est le chemin. » Lao Tseu

LE JEU DE L'OIE

DU BONHEUR

Vous voici au début du voyage qui, tel un Jeu de l'oie, vous réserve des surprises.
Chaque case visitée vous permettra de trouver vos ingrédients pour être heureux, parfois en dépassant des obstacles.

Pensez aussi à faire de petites haltes pour laisser votre cheminement intérieur se faire...

BONNE ROUTE !

1, 2, 3
PARTEZ !

RETROUVEZ VOTRE ENFANT LIBRE !

Vous avez sans doute observé que, dans les moments de choix ou de tension, diverses petites voix se font entendre en votre for intérieur :

Ces petites voix viennent de ce qu'on appelle en Analyse Transactionnelle, nos états du Moi, qui sont **le Parent**, **l'Enfant** et **l'Adulte**.
À certains moments, nous reproduisons ce que nous avons appris de nos parents , à d'autres, nous sommes en contact avec la réalité et utilisons nos compétences d'adultes. Parfois, au contraire, nous sommes très associés à nos émotions et retrouvons les comportements et pensées d'un petit enfant.

Et cet Enfant intérieur a plusieurs visages : UN ENFANT LIBRE, qui est notre réservoir d'énergie, de motivation et de puissance. Dans cette partie de nous-même, se trouve la petite fille ou le petit garçon que nous avons été, avec nos envies et nos besoins, nos émotions authentiques et nos rêves.

Mais, dans un souci de protection, parents et éducateurs nous apprennent très tôt que, satisfaire tous nos désirs et nos besoins, c'est impossible !

Alors au fil des années, les interdits s'ajoutent et musèlent notre ENFANT LIBRE qui laisse place à un ENFANT ADAPTÉ, qui cherche à faire plaisir à ses parents en ayant LE « BON » COMPORTEMENT.

Trop souvent, il se dévalorise, se culpabilise, se compare :
« Je ne vais pas y arriver. »
« Je suis moins doué que lui… »

Accordez-vous, chaque jour, un temps pour rendre visite à votre Enfant Libre intérieur, celui qui connaît si bien le pays du bonheur, cet endroit magique où l'on peut être à l'écoute de ses envies, ses désirs et ses besoins.

C'EST DEVENU POUR VOUS UNE TERRE INCONNUE ?

Vite, montez sur notre tapis volant pour retrouver ce précieux territoire...

« Le bonheur est un rêve d'enfant réalisé à l'âge adulte. » Sigmund Freud

EXERCICE DE LA TERRA INCOGNITA

Prenez un crayon et remplissez cette liste avec votre Enfant Libre.
Notez toutes les envies et désirs de votre Enfant Libre pour ce soir ou la journée de demain...

Par rapport à ce petit cahier, qu'ai-je envie de **GRIBOUILLER**, **DESSINER**, **COLLER** pour en faire MON cahier... ?

Et je laisse faire mon Enfant Libre...

MON ENFANT LIBRE AUX COMMANDES...

Photo de moi en train de faire le clown

J'ai envie de...

Ce que je désire, c'est...

Peut-être qu'en remplissant votre liste, vous vous êtes demandé :
« CE QUE JE SUIS EN TRAIN DE NOTER, EST-CE UNE ENVIE OU UN BESOIN ? »

Une envie est de l'ordre de l'éphémère, elle est souvent liée au contexte, à la société, à notre culture. Elle est subjective et, à peine satisfaite, elle réapparaît sous une autre forme : J'ai envie de m'acheter un vêtement, puis quelque temps plus tard un livre ou j'ai le désir d'aller voir un ami… Car il y a, sous nos envies et nos désirs, quelque chose de plus puissant : nos besoins !

IL S'AGIT DONC DE SATISFAIRE CERTES NOS DÉSIRS, MAIS SURTOUT NOS BESOINS ESSENTIELS POUR VIVRE HEUREUX !
Alors, partons à la découverte de ces besoins…

LA PYRAMIDE DU BONHEUR

CHERCHEZ LE TRÉSOR !

Visitez la pyramide de vos besoins...

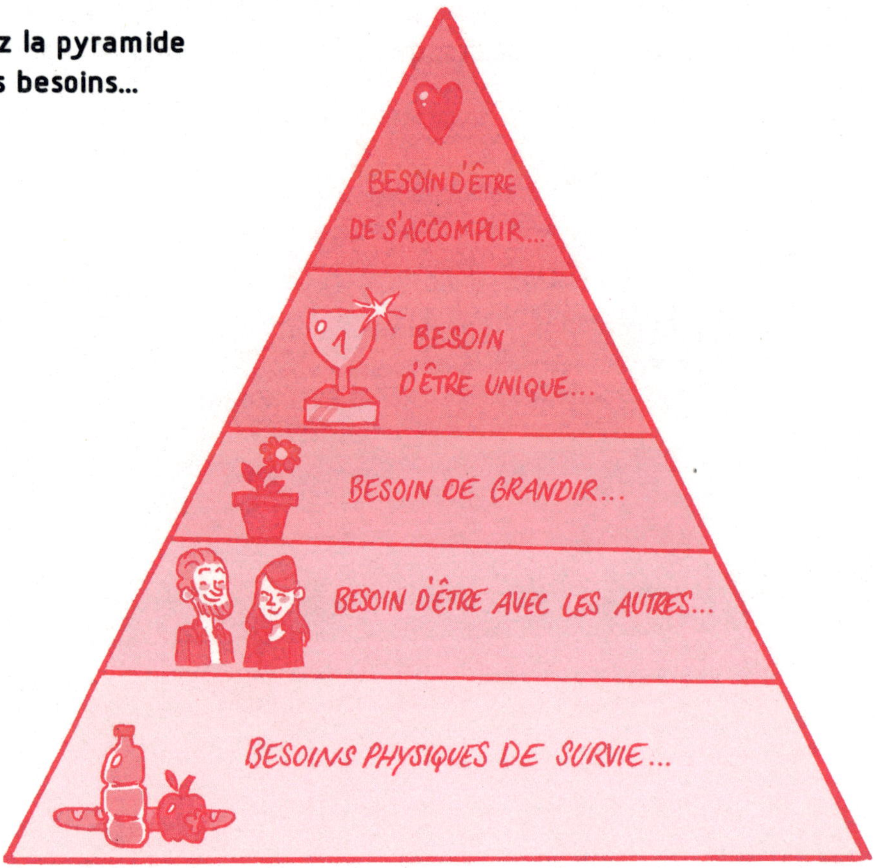

« *Le besoin de créer est dans l'âme*

Chaque étage de la pyramide est important et vous permet d'accéder au passage supérieur…
Chaque besoin est essentiel et, pour atteindre le trésor contenu au sommet de la pyramide, il est nécessaire de le satisfaire.

Préparez votre cartographie de cette chasse au trésor !
Vos besoins essentiels sont-ils satisfaits ?

CEUX QUI SONT SATISFAITS :

☺ ____________________

☺ ____________________

☺ ____________________

☺ ____________________

CEUX QUI NE LE SONT PAS :

☹ ____________________

☹ ____________________

☹ ____________________

☹ ____________________

QU'ALLEZ-VOUS FAIRE POUR SATISFAIRE CES BESOINS ?

☛ ____________________

☛ ____________________

☛ ____________________

☛ ____________________

comme le besoin de manger dans le corps. » **Christian Bobin**

LE MOT MYSTÈRE

Mettez la première lettre du mot dessiné en suivant les chemins afin de trouver le mot mystère...

Le mot à trouver : santé.

LA SANTÉ...

Cet ingrédient est invisible quand on est en pleine forme, mais devient central quand les soucis de santé apparaissent !

Prenez des crayons de couleurs ;
coloriez **en rouge** les parties de votre corps qui vous parlent avec leurs « maux ».
Et **en vert** les parties de votre corps qui vont bien.

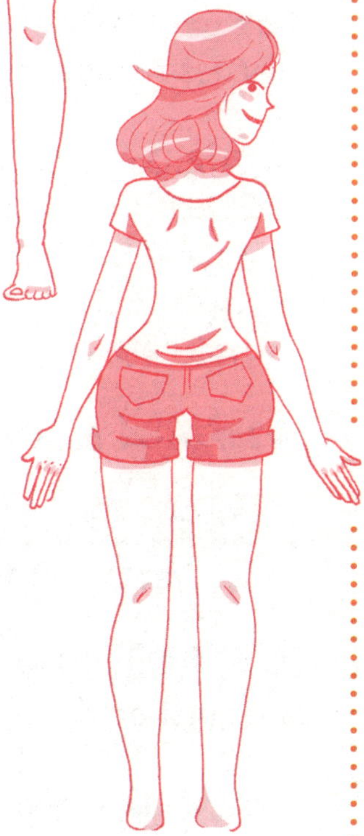

QUE VOUS DIT VOTRE CORPS ?

« J'en ai plein le dos ! Ça me prend la tête... Ça me gonfle... »

ÊTES-VOUS ATTENTIF AUX CLIGNOTANTS DE VOTRE CORPS ?

FAITES-VOUS CE QU'IL FAUT POUR SATISFAIRE VOS BESOINS ?

Quand vous aurez fini les exercices de ce « *cahier qui vous veut du bien* », peut-être aurez-vous trouvé des éléments de réponse à ces questions...

BONNE CONTINUATION DU VOYAGE...

« J'ai décidé d'être heureux parce que c'est bon pour la santé. » Voltaire

ENTRAINEZ
VOTRE MUSCLE DU BONHEUR

Les récents travaux de neuropsychologie démontrent que les événements de la vie, positifs ou négatifs, s'inscrivent dans le cortex préfrontal.
Le cortex préfrontal gauche est plus activé par la joie, le cortex préfrontal droit par la tristesse et la peur qui nous empêchent d'atteindre le bonheur avec les ruminations.

Richard Davidson a découvert quelque chose d'essentiel : **ACTIVER LE PRÉFRONTAL GAUCHE PAR LES SOUVENIRS HEUREUX, LE PLAISIR IMMÉDIAT OU FUTUR, DÉCLENCHE INSTANTANÉMENT LES HORMONES DU BONHEUR** du « circuit de la récompense », un cocktail de choc produit par vos hormones :

LA DOPAMINE booste votre bien-être.

LES ENDORPHINES provoquent des sensations d'allégresse, de satisfaction et favorisent le sentiment amoureux durable.

LA SÉROTONINE, la « molécule du bonheur », agit sur l'humeur, l'anxiété, la régulation du sommeil , elle rend optimiste et serein.

L'OCYTOCINE, « hormone de l'amour », déclenchée par les contacts physiques (enfants ou adultes) provoque le comportement amoureux et l'attachement.

« Nul besoin de temples, nul besoin de philosophies compliquées.

Il est donc possible d'entraîner votre cerveau : **PLUS VOUS VOUS FAITES PLAISIR, PLUS VOUS MUSCLEZ VOTRE CERVEAU DU BONHEUR.**

Maintenant, à vous de jouer !

Revisitez vos bonheurs passés et listez-les :

- ______
- ______
- ______
- ______

Et anticipez ceux du futur :

- ______
- ______
- ______
- ______

Notre cerveau et notre cœur sont nos temples. » Dalaï-lama

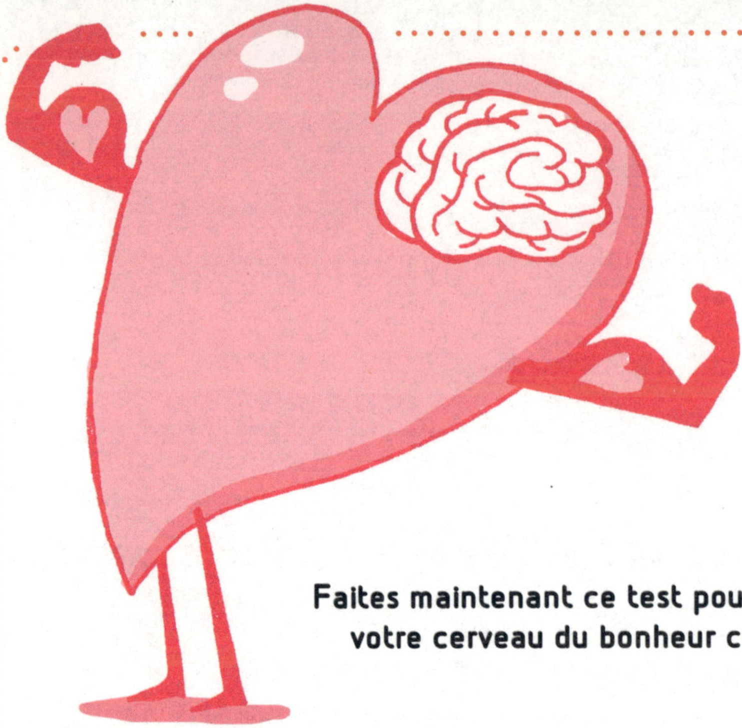

Faites maintenant ce test pour voir si vous avez musclé votre cerveau du bonheur ces 7 derniers jours :

	OUI	COMBIEN DE FOIS	NON
Avez-vous pris un enfant dans les bras ?			
Quelqu'un vous a-t-il fait des câlins ?			
Avez-vous fait l'amour avec joie et tendresse ?			
Avez-vous ri plus d'une demi-heure par jour ?			
Avez-vous vécu des moments de bonheur ?			
Avez-vous rencontré un ou plusieurs amis chers ?			
Avez-vous eu des moments intimes de dialogue et de partage ?			
Avez-vous reçu un massage ?			
Avez-vous fait du sport ou dansé plus de 20 minutes ?			
Avez-vous pris du plaisir dans votre activité favorite ?			
Avez-vous médité ou prié plus de 20 minutes ?			
Avez-vous eu des rencontres conviviales ?			

Additionnez les scores « oui » et multipliez-les par le nombre de fois.
Quel est votre score ?

Quelles conclusions en tirez-vous ?

Quelles décisions pouvez-vous prendre maintenant pour muscler davantage votre cerveau du bonheur ?

LA PARABOLE DU VIEILLARD DE LIN YUTANG

Un vieillard vivait avec son fils dans un fort abandonné au sommet d'une colline et, un jour, il perdit un cheval. Les voisins vinrent lui exprimer leur sympathie pour ce malheur et le vieillard demanda :

Comment savez-vous que c'est un malheur ?

Quelques jours plus tard, le cheval revint, suivi de plusieurs chevaux sauvages, et les voisins revinrent le féliciter de cette chance et le vieillard répliqua :

Comment savez-vous que c'est une chance ?

Entouré de tant de chevaux, le fils se mit à les monter et, un jour, il se cassa la jambe.
De nouveau, les voisins s'approchèrent pour leur exprimer leur sympathie et le vieillard répondit :

Comment savez-vous que c'est une malchance ?

L'année suivante, il y eut une guerre et parce que le fils du vieillard était boiteux, il évita d'aller au front…

Laissez cheminer en vous cette histoire...
Repensez maintenant aux situations de « malchance » de votre vie et posez sur elles un autre regard...

CHERCHEZ L'ÉTOILE !

Les situations de « malchance » de ma vie :

* ______
* ______
* ______

Qu'ai-je appris de ces situations ?

* ______
* ______
* ______

Quelles ressources ai-je développées ?

* ______
* ______
* ______

Quel cadeau ai-je reçu de chacune de ces expériences ?

* ______
______
* ______
______
* ______
______

« Il faut avoir du chaos en soi pour enfanter une étoile qui danse. » Friedrich Nietzsche

ATTENDRE

PARFOIS, NOUS PASSONS À CÔTÉ DE NOTRE VIE, EN ÉTANT DANS L'EXPECTATIVE DE CE QUI VA VENIR, AU LIEU DE PROFITER DE L'INSTANT PRÉSENT. Ou alors, on se dit que l'herbe est plus verte ailleurs : « Quand j'aurai de l'argent », « Quand j'habiterai à la campagne », « Quand j'aurai le temps »...
Et telles des Belles au bois dormant, on attend qu'arrive de l'extérieur une personne ou un événement qui va nous permettre d'être enfin heureux !
Et vous ? Faites ce petit exercice pour vérifier que vous vivez pleinement votre vie...

QU'ATTENDEZ-VOUS POUR ÊTRE HEUREUX ?

☐ Avoir le bac - ce diplôme ☐ Le prince charmant - un mari - un amoureux ☐ Que les autres changent - qu'ils reconnaissent votre vraie valeur ☐ Un autre travail - un autre patron - d'autres collègues - un autre bureau ☐ Avoir un enfant - des petits-enfants ☐ Que les enfants soient élevés ☐ Les vacances - les RTT - le week-end ☐ Avoir plus d'argent - plus de réussite ☐ Une nouvelle voiture - un nouvel ordinateur - une maison de campagne ☐ La retraite ☐ Avoir la ligne - un nouveau look ☐ Un logement plus agréable ☐ ....
☐ .... ☐ ....

OU VIVRE ?

Que pouvez-vous faire dès aujourd'hui pour cesser d'attendre et commencer à obtenir ce que vous voulez ?

- ____________________
- ____________________
- ____________________

Peut-être profiter de la sérénité de l'instant présent et savourer pleinement les lieux où vous êtes en y vivant intensément chaque instant...

AU PROGRAMME : flâner, rêver, écouter, écrire, chantonner, bailler, s'ennuyer parfois pour mieux imaginer... sentir une fleur, contempler un coucher de soleil ou la course des nuages dans le ciel, regarder pousser et respirer son jardin...

Tous ces petits riens qui permettent de s'habiter soi-même dans la plénitude de l'instant...

« Si l'on bâtissait la maison du bonheur, la plus grande pièce serait la salle d'attente. »

Jules Renard

LE BONHEUR,

ET VOUS ? VIVEZ-VOUS AU TEMPS PRÉSENT ?

Cochez de 1 à 5 : 1 jamais, 5 toujours

	1	2	3	4	5
Quand je me lève le matin, je ressens le contact de mon corps avec le matelas.					
Quand je regarde un arbre, je m'émerveille.					
Quand j'entends le chant des oiseaux, il m'arrive de m'arrêter quelques secondes pour y prêter attention.					
Je m'arrête un instant pour respirer l'odeur de mon petit déjeuner.					
Je ressens les tensions dans mon corps et je corrige ma position pour me sentir en harmonie.					

« Le passé est une histoire, le futur un mystère, le présent est un don.

C'EST VIVRE AU PRÉSENT !

Le temps présent est un cadeau !

ET VOUS ?
QUELS SONT LES CADEAUX QUE VOUS VOUS OFFREZ CHAQUE JOUR, EN VIVANT LE TEMPS PRÉSENT ?

C'est pourquoi le moment est appelé présent. > Dr Chopra

ENNEMIS OU AMIS

1. Coloriez en rose les amis du bonheur et en gris les obstacles au bonheur.
2. Pour chaque obstacle, cherchez les antidotes (il peut y en avoir un ou plusieurs parmi les amis du bonheur) et reliez-les…

rancœur
comparaison
apprentissages
méditation
reconnaissance
ennui
gentillesse
joie
centre
créativité
souci
respiration
ressentiment
rêve
arts
sourire
repos
estime de soi
passion
maladie
confiance en soi
soleil
humour
angoisse
lecture
liberté
plaisir
conflit
émotions
deuil
bienveillance
famille
tolérance
paix
enfants
chance
pessimisme
dépression
travail
culpabilité
pressions
jalousie
argent
rire
interdit
amour
positiver
permission

DU BONHEUR ?

défaut radinerie objectif nature pollution

égoïsme peur présent maison

musique relaxation couple sommeil jeu

être habitude doute valeurs

dévalorisation santé

rejet futur énergie intolérance rituels

insatisfaction stress changement sport

loisirs vacances addiction perfection passé

amitié croyances déni pardon générosité

exclusion

dramatisation sens appartenance

reconnaissance malchance solitude

besoins ici et maintenant animaux

optimisme ressources gratitude

MES ANTIDOTES :

LES PERMISSIONS DU BONHEUR !

Il était une fois une fée maléfique qui s'est posée sur votre berceau d'enfant... Elle vous a jeté un sort. Heureusement, comme dans toutes les histoires qui finissent bien, un personnage merveilleux vient changer votre destin !
QUI EST CETTE FÉE DU BONHEUR ? C'EST VOUS avec toutes les permissions que vous allez maintenant vous donner !

Vous étiez peut-être un enfant à qui on a dit :

Ça a fait de vous un handicapé du bonheur, comme si on vous avait enlevé vos jambes ! Jamais satisfait, toujours dans la perfection, vous vous tuez au labeur, et vous brimez votre créativité par votre niveau d'exigence !

Heureusement, votre fée du bonheur vous dit maintenant :

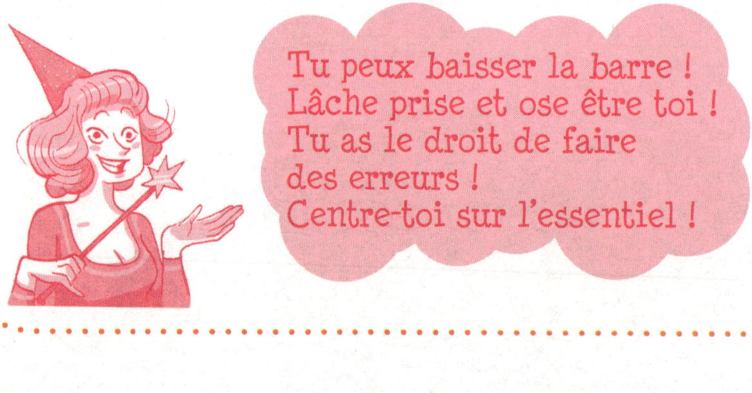

Sois fort ;
méfie-toi des autres ;
fais tout, tout seul ;
cache tes émotions

Fais toujours plaisir
aux autres,
les autres doivent
passer avant toi !

Dépêche-toi, il faut agir
vite plutôt que
de perdre son temps !

Fais des efforts !

Ose être ouvert, ose entrer
en relation, ose demander,
tu peux ressentir tes émotions
et les exprimer !

Pense à toi, occupe-toi
de tes besoins, ose dire non
au risque de déplaire, tu ne peux
pas plaire à tout le monde !

Gère ton temps, fixe tes priorités,
prends du recul en planifiant,
prends le temps de la réflexion,
savoure le temps présent !

Simplifie ta vie, réussis ce que
tu entreprends, concentre-toi
sur le résultat à atteindre,
tu peux avoir une vie facile
et agréable !

Et vous ? Quels messages avez-vous reçus ?

- ______________________________
- ______________________________
- ______________________________

Quelles permissions allez-vous vous donner maintenant ?

- ______________________________
- ______________________________
- ______________________________

Par quelle permission du bonheur allez-vous commencer tout de suite ?

ET SI VOUS VOUS OFFRIEZ

Repensez à votre journée d'hier… Était-ce une bonne journée ? Une journée où vous vous êtes senti heureux… Non ? Peut-être n'y avez-vous pas reçu ou donné suffisamment de reconnaissance ? Car pour être bien, nous avons besoin d'échanger des signes de reconnaissance (appelés *strokes* en Analyse Transactionnelle). C'est une de nos soifs fondamentales, nous en avons autant besoin que d'air ou de nourriture ! C'est aussi de cette façon que nous renforçons notre relation aux autres, lien essentiel pour arriver au bonheur !

Reconnaissance qui peut être :
POSITIVE : comme une caresse, un compliment, un cadeau, un bonjour chaleureux ou un regard d'admiration… Qu'est-ce qu'on se sent bien alors !

NÉGATIVE : comme un coup, une parole blessante, une réprimande, un regard noir, ou quelqu'un qui refuse de vous parler… Moins agréable n'est-ce pas ?

Quand nous venons au monde, tel un prince ou une princesse, il y a une abondance de *strokes* autour de nous. Puis nos parents, dans un souci éducatif, nous apprennent qu'il faut les mériter et ils se font plus rares.

« Si tu veux vivre heureux, promène-toi avec deux sacs,

PLUS DE RECONNAISSANCE ?

Reprenez votre journée d'hier pour faire le point sur votre capacité à faire circuler cette énergie avec les autres... mais aussi avec vous-même...

J'ai donné **À qui ?**

J'ai demandé **À qui ?**

J'ai accepté **De qui ?**

J'ai refusé **De qui ?**

Je me suis donné

Quelle permission pouvez-vous vous offrir pour redevenir le prince ou la princesse de votre enfance ?
Et commencez à utiliser cette permission avec votre entourage pour échanger plus de reconnaissance... et n'oubliez pas quelqu'un... Vous !

l'un pour donner, l'autre pour recevoir. > **Proverbe chinois**

ESTIME DE SOI

Pour muscler l'estime de soi, rien de tel que de faire la liste de :

MES QUALITÉS, MES POINTS FORTS...

MES TALENTS...

Si jamais, à un moment ou à un autre de la journée, vous vous surprenez en plein délit de dévalorisation (du type : « Je suis moche », « Je suis incompétent(e) »...) ou que vous vous affublez d'un nom d'oiseau, prenez votre plus belle plume.
Offrez-vous le remède bien-être en inscrivant l'affirmation positive inverse, par exemple : « J'ai du charme »,
« J'ai plein de compétences », « Je suis parfait(e) comme je suis »...

Je suis ______________________________

J'ai ______________________________

Je suis ______________________________

Je suis ______________________________

Je suis ______________________________

Je suis ______________________________

J'ai ______________________________

Je suis ______________________________

Je suis ______________________________

Je suis ______________________________

J'ai ______________________________

J'ai ______________________________

Je suis ______________________________

DONNER DU SENS ET DE LA RECONNAISSANCE À SA VIE

La quête du sens
est une question fondamentale
que toute personne se pose
un jour ou l'autre :

Pour quoi, pour qui je vis ?

Que faire pour que ce temps sur terre vaille vraiment la peine ?

Où cours-je ?

Où vais-je ?

VIKTOR FRANKL, psychiatre, s'est acharné toute sa vie à aider ses patients à « trouver du sens » dans l'existence.
Il a défini trois grandes voies pour y arriver :

- Au travers de ce que l'on donne au monde en termes de création : travail, activité artistique, enfants... Il y a mille manières de pouvoir apporter sa contribution !
- Grâce à ce que l'on emprunte au monde en termes de rencontres et d'expériences.
- Mais aussi par la traversée d'épreuves qui vont nous permettre de trouver notre manière personnelle d'y répondre et de survivre.

UN MOMENT POUR VOUS POUR FAIRE LE POINT :

Qu'est-ce qui donne sens à votre vie ?

→ ____________________

→ ____________________

→ ____________________

Quelles sont les activités que vous avez au quotidien ou dans la semaine qui donnent du sens à votre vie ?

→ ____________________

→ ____________________

→ ____________________

Quels sont vos projets qui donnent sens à votre vie ?

→ ____________________

→ ____________________

→ ____________________

Il y a bien longtemps, au Moyen Âge, trois hommes sur un chantier étaient occupés à transporter une lourde pierre. Un passant intrigué leur demanda ce qu'ils faisaient.

Le premier répondit :
Je porte une pierre.

Le deuxième lui dit :
Je gagne ma vie.

Et le dernier s'exclama :
Je bâtis une cathédrale.

« La vie de chacun est une suite d'opportunités uniques d'accomplir le sens. » Viktor Frankl

LE PLAISIR :

Le plaisir tel que nous vous le proposons n'a rien à voir avec la surconsommation et ne relève pas non plus des sensations d'addiction, mais il correspond à un état d'éveil qui vous focalise sur ce qui vous fait du bien et fait naître un sentiment de sérénité. Se faire plaisir n'est pas une fin en soi, mais un moyen pour s'aimer mieux et être plus heureux.

Le plaisir est un cadeau du temps présent, il est immédiat dans son effet et répond à un besoin essentiel de chacun.
Offrez-vous dès maintenant le **DROIT AU PLAISIR**, c'est aujourd'hui une vraie permission à vous donner !

FAITES LE POINT

Quels sont les plaisirs de ma vie ?

Quels sont mes petits plaisirs au quotidien ?

UN BESOIN ESSENTIEL !

PRENDRE 5 PLAISIRS PAR JOUR, OU PASSER 20 MINUTES PAR JOUR À SE FAIRE PLAISIR... OU UNE DEMI-JOURNÉE EN FIN DE SEMAINE. CELA PERMET DE SATISFAIRE VOS BESOINS ESSENTIELS DE DÉTENTE ET DE PLAISIR.

Combien de temps consacrez-vous à votre plaisir :

Chaque jour ? ____________

Chaque semaine ? ____________

Quelle permission pouvez-vous vous donner pour vous faire encore plus plaisir ?

Je m'accorde le droit de

____

____

____

____

____

____

____

____

____

LES PLAISIRS SONT MULTIPLES ET VARIÉS :

• **PLAISIRS DES SENS** : voir un beau paysage, écouter de la musique, respirer un parfum agréable, goûter et déguster, toucher, se faire masser…

• **PLAISIRS LIÉS AUX RENCONTRES ET AUX CONTACTS** : soirée, sorties entre amis, en famille…

• **PLAISIRS DE LA RÉALISATION** : peindre, créer, jouer de la musique, faire du théâtre…

• **PLAISIRS DE LA RÉFLEXION**, plaisirs qui donnent un sens à votre vie.

ET VOUS ?

Choisissez de vous créer une vie plus plaisante, fouillez dans vos rêves, pour savoir ce qui vous permettrait d'accéder à une vie plus agréable et plus heureuse.
Fermez les yeux et laissez-vous doucement rêver et retrouver vos rêves les plus chers, comme les plus fous…

SENS + PLAISIR = BONHEUR DE HAUTE VOLÉE !

Augmentez votre degré de bonheur, en associant une activité qui fait sens et qui vous procure du plaisir. Le résultat est décuplé !

Recherchez vos activités à haut potentiel de sens et de plaisir dans votre vie actuelle :

	Activité	Activité	Activité	Activité	Activité
Qu'est-ce qui fait sens ?					
Quantifiez votre plaisir (de 0 à 10)					
Temps consacré					
Vos souhaits pour le futur ?					

LES LISTES QUI VOUS RENDENT HEUREUX...

Cet outil, très simple, peut être un véritable tremplin
pour le changement et pour être heureux. Certaines listes permettent de dresser l'inventaire de ce qui vous fait du bien ou de vos ressources. Vous pourrez vous en servir comme point d'appui pour vous construire un avenir meilleur car elles mettent au clair vos désirs.

- Les CHOSES DE LA VIE pour lesquelles j'ai ENVIE DE DIRE MERCI
- Les FILMS ou les ROMANS que j'ai particulièrement aimés
- La liste de tout ce qui me permet de ME RELAXER et de me retrouver dans mon MONDE SECRET
- Les CITATIONS ou PROVERBES qui m'inspirent, me font rêver ou me donnent du courage
- Les 10 ACTIONS qui m'ont apporté le plus de PLAISIR
- Les 10 CHOSES que j'aimerais avoir le TEMPS DE VIVRE avant de mourir
- Les PERSONNES les plus importantes au monde pour moi
- Les DÉFIS que j'ai relevés dans différents domaines, vie professionnelle, relationnelle, amoureuse
- Mes PETITS BONHEURS quotidiens
- La liste que j'ai ENVIE de faire

BON
BON
BON
BON
BON
BON
BON
BON
BON
BON

Choisissezle cadeau que vous allez vous faire aujourd'hui

BON POUR
un petit déjeuner
au lit

BON POUR
un feu
dans la cheminée

BON POUR
un bouquet
de fleurs

BON POUR
un câlin

BON POUR
déguster
du chocolat

BON POUR
un bain moussant
et odorant

BON POUR
un bisou
dans le cou

BON POUR
un dvd drôle
à visionner

BON POUR
un parfum

BON POUR
une bonne bouteille

BON POUR
un fou rire avec mon ami(e) préféré(e)
BON POUR
.... un plaisir de mon choix !
BON POUR
ne rien faire
BON POUR
écouter une belle musique
BON POUR
un massage
BON POUR
10 minutes au soleil
BON POUR
une promenade au bord de l'eau
BON POUR
une balade en forêt
BON POUR
une sortie pour aller danser
BON POUR
une bougie allumée à contempler

BON
BON
BON
BON
BON
BON
BON
BON
BON
BON

ZAPPEZ VOS SOUCIS POUR ÊTRE HEUREUX

Vous arrive-t-il d'être tenaillé par l'anxiété, les craintes, les soucis ? Avez-vous des moments de rumination ? Avez-vous parfois des difficultés à vous endormir ou même vous arrive-t-il de vous réveiller en pleine nuit à cause de vos soucis ?

QUAND ON SE FAIT DU SOUCI, IL FAUT TRIER ENTRE LES SOUCIS LÉGITIMES ET CEUX QUI NE LE SONT PAS.

LES SOUCIS LÉGITIMES : la chose qui crée du souci a un message important à nous dire. C'est souvent un signal, parfois un système de protection avec toujours une intention positive qui nous incite à répondre à « Qu'est-ce que je peux faire de différent d'auparavant ? ». Ainsi, quand vous clarifiez votre souci légitime, vous avancez !

LES AUTRES SOUCIS qui ne sont pas légitimes : là, il vous semble que vous ne pouvez rien faire, que vous êtes impuissant… C'est sur ceux-là que nous allons travailler !

Faites la liste de vos soucis :

- ______________________________
- ______________________________
- ______________________________
- ______________________________
- ______________________________

ET MAINTENANT, EXERCEZ-VOUS

1

Asseyez-vous dans un endroit calme.
Accordez-vous cinq minutes de tranquillité.
Repensez et revivez la dernière situation qui vous a causé du souci :
- **qu'est-ce que vous voyez ?**
- **qu'est-ce que vous entendez ?**
- **qu'est-ce que vous sentez ?**
- **où dans votre corps ?**
- **sur une échelle de 0 à 10, à combien évaluez-vous votre sensation ?**
- **écrivez sur un papier la phrase du souci**

2

Visualisez, en face de vous, votre Moi profond
qui dit la phrase souci.
Prenons l'exemple d'un souci très commun : « *J'ai peur de ne pas y arriver.* »

3

Vous sortez les mots de la bulle et vous voyez votre phrase souci
plus loin et vous dites la phrase à haute voix, très lentement.

À ZAPPER VOTRE PREMIER SOUCI :

4

Une deuxième fois, les mots s'éloignent, les lettres se détachent et vous parlez encore plus lentement.

5

Une troisième fois, vous dites la phrase encore plus lentement, lettre par lettre, et vous imaginez chaque lettre s'envoler comme des ballons.

6

Et maintenant, quel est votre ressenti ?
Si vous n'êtes pas encore à 0, vous faites un quatrième tour toujours en détachant les mots et les lettres et en les éloignant.

7

À la fin, vous réintégrez votre Moi profond, à l'intérieur de vous, dans votre cœur, avec vos deux mains. Laissez venir à vous, maintenant le Moi qui veut le mieux pour vous, ce qui résonne dans votre cœur, ce Moi qui soutient votre force et votre énergie.

RESPIRER, C'EST LA VIE !

Commencez par colorier chaque pétale de la rose, en allant de l'extérieur vers l'intérieur de façon à vous apporter davantage de calme intérieur.

LA ROSE DU BONHEUR !

Installez-vous assis confortablement devant cette rose ouverte et, si vous en avez une dans votre jardin, posez-la devant vous. Laissez-vous imprégner par le parfum subtil de cette rose. Mettez vos mains sur votre ventre en regardant cette fleur :

- **GONFLEZ LE VENTRE** en inspirant avec un léger mouvement en arrière.
- **FAITES UNE PAUSE** et imprégnez-vous de toute la beauté de cette rose, de ses couleurs, de son parfum, de sa qualité d'Être.
- **DÉGONFLEZ LE VENTRE** en expirant avec un léger mouvement en avant.
- **CONTINUEZ** quelques minutes.

Comment vous sentez-vous ?

Cet exercice respiratoire provient d'une pratique des moines du temple chinois de Shaolin. Cette technique de yoga bouddhique Chan vous permet de muscler votre cerveau du bonheur tout en vous régénérant. Parfois, vous pouvez avoir l'impression d'être en fusion avec la rose, extase suprême !

VOUS POUVEZ MAINTENANT OFFRIR LA ROSE À UN(E) AMI(E) !

« La vie est une rose, respire-la et donne-la à ton ami. » Proverbe kurde

SOURIEZ À LA VIE...

Paul Ekman, spécialiste des émotions à l'université de San Francisco, a démontré que le sourire et le rire actionnent les processus physiques qui provoquent le bien-être. Et si le sourire était un pas vers le bonheur ? D'ailleurs, quand vous souriez, ne sentez-vous pas tout votre corps se détendre et provoquer une attitude positive ?

IL EXISTE DIFFÉRENTS TYPES DE SOURIRE :

- le sourire à soi-même ,
- le sourire à l'autre, qui va souvent provoquer, par effet miroir, un sourire en retour ,
- le sourire parce qu'on se sent bien , celui-là, on ne s'en rend même pas compte ,
- le sourire de gratitude, quand je suis heureux ,
- le sourire aux éléments de la nature et aux animaux ,
- le « faux sourire », qui indique que je suis gêné ,
- le sourire systématique en quête de reconnaissance.

« Souris au monde et le monde te sourira. » Sœur Emmanuelle

ET REMERCIEZ !

Alors, voyons ensemble quand souriez-vous ?

	++	+	-	- -
Je souris aux personnes que je croise dans un escalier.				
Je souris à ma voisine quand je la rencontre.				
Je souris à mes enfants et mon conjoint le matin au réveil.				
Je souris à mon patron quand je le vois dans les couloirs.				
Je me souris à moi-même quand je me regarde dans la glace.				
Je souris le matin en me levant.				
Je souris aux fleurs, arbres, animaux...				
Je souris au téléphone.				
Je souris parce que je suis détendu(e) et ça vient comme ça.				
Je souris à mon corps et à mes organes.				
Je souris de gratitude, à la vie et aux autres quand je remercie.				
Total				

Si vous avez beaucoup de réponses en - et - -, que pourriez-vous faire pour passer en + et ++ ?
Remarquez à quel point ce simple mouvement du visage a un impact dans votre vie !

EXPRIMEZ VOTRE GRATITUDE !

LA GRATITUDE, C'EST BON POUR LE MORAL…

Les personnes qui expriment leur gratitude avant de s'endormir ont un sommeil plus profond et plus réparateur.
Sourire et remercier : deux attitudes qui peuvent changer votre vie…

Dans la vie, à qui ai-je envie de dire MERCI ?
Remplissez vos pommes d'amour sur votre arbre à merci.

Mettez les cœurs dans l'arbre, comme des pommes d'amour, et écrivez sur chaque cœur : Merci à…

Comment vous sentez-vous maintenant ?

COLORIEZ

CETTE FLEUR DE VIE !

Si vous souhaitez **DAVANTAGE DE CONCENTRATION**, être plus en contact avec votre Moi intérieur, **COMMENCEZ À COLORIER** la fleur de vie **DE L'EXTÉRIEUR VERS L'INTÉRIEUR**.

Si, au contraire, vous souhaitez vous **OUVRIR VERS L'EXTÉRIEUR**, vous ouvrir aux autres, **COLORIEZ** la fleur de vie de **L'INTÉRIEUR VERS L'EXTÉRIEUR**.

Que ressentez-vous maintenant ?

UNE CLÉ ESSENTIELLE POUR ÊTRE HEUREUX

SE TROUVE DANS LE MOT QUE VOUS ALLEZ DÉCOUVRIR

RÉBUS

mour inconditionnel envers toi-même et les autres.

-toi, comme tu aimes les autres.

ublie les ressentiments.

tilise ton cœur largement.

éjouis-toi !

L'AMOUR EST L'ÉLÉMENT VITAL ET ESSENTIEL DE VOTRE EXISTENCE.

Les enfants recherchent l'amour ; ils se nourrissent d'amour, ils se développent grâce à l'amour ; privés de cet amour, ils peuvent mourir.
Il existe différentes formes d'amour. Mais l'amour inconditionnel est une ouverture à l'autre dans l'acceptation complète de qui il est. Cet amour-là est compassion absolue et détachement complet. Il demande une grande ouverture à autrui, de se centrer non pas sur ce que vous désirez, mais sur l'aide que vous pouvez apporter à l'autre pour qu'il soit plus heureux.
Cet amour-là ouvre la porte de votre épanouissement et de votre bonheur.

Décrivez maintenant des moments où vous avez ressenti une manifestation d'amour inconditionnel :
Quand c'est vous qui donniez cet amour inconditionnel

- ______________________
- ______________________
- ______________________

Quand vous receviez cet amour inconditionnel

- ______________________
- ______________________
- ______________________

ÊTRE

POUR ÊTRE AU CENTRE DE VOTRE VIE, VOUS ALLEZ EXPÉRIMENTER COMMENT ÊTRE AU CENTRE DE VOTRE CORPS

Trois étapes sont nécessaires pour y parvenir :

1. Tout d'abord, il s'agit d'installer la **RESPIRATION PIKO-PIKO** que nous ont appris nos amis Hawaïens :

J'inspire et je porte mon attention sur le haut de ma tête : 1er Piko

J'expire et je porte mon attention sur la plante de mes pieds : 2e Piko

Cette respiration vous permet de rester dans votre axe.

AU CENTRE DE SA VIE

2. Maintenant vous allez ajouter votre **DIAMANT INTÉRIEUR** : c'est votre centre corporel, le hara des arts martiaux, le Tan Tien des Chinois, le deuxième chakra des yogi, le centre de gravité pour les Européens. Tout le monde est donc d'accord, c'est votre centre physique ! Pour le sentir, mettez trois doigts au-dessous du nombril et appuyez sur votre centre, comme une sorte de pompage pour obtenir une sensation de densité.

3. Et pour finir, **INSTALLEZ VOS RACINES**, qui partent de votre cœur, descendent le long des jambes et sortent par vos pieds, vous imaginez que vos racines vont jusqu'au centre de la Terre.

ÇA Y EST, VOUS ÊTES MAINTENANT EN PLACE AU CENTRE DE VOTRE ÊTRE !

« Maintenant, je suis au centre du bonheur. » **Frédéric Chopin**

PARCOUREZ LE LABYRINTHE !

Nous vous proposons
de parcourir
ce labyrinthe
(de Chartres)
avec le doigt
ou avec un feutre
de couleur.
Quand vous arrivez
au centre,
restez un moment
à respirer
et à ressentir
le bienfait d'être
au centre de votre vie.

Allez-y, faites cette belle expérience : elle est unique !

JOUEZ À LA MARELLE...

EN ROUTE VERS VOTRE OBJECTIF DE BONHEUR !

(Commencez par le bas)

CIEL DE BONHEUR

Je me visualise ayant réussi à atteindre mon objectif et je me félicite !

7

Quel va être mon premier pas ? Ma première étape ?

6

Pour quand cet objectif ?

5

Quels sabotages est-ce que je risque de mettre en place ?

4

Est-il atteignable ?

3

Est-il mesurable ? À quoi saurai-je que je l'ai atteint ?

2

Est-il concret et précis ?

1

Je formule positivement mon objectif avec un verbe d'action.

TERRE

Je prends le temps de me demander quel objectif
j'ai envie de m'offrir pour être plus heureux.

FÉLICITATIONS !

BIENVENUE AU CLUB DES GENS HEUREUX

Diplôme remis à :

Avec les félicitations du jury

Mention très bien

Fait à :
Le :

Valable pour toujours

« MA » RECETTE DU BONHEUR

« Le plus souvent, on cherche son bonheur comme on cherche ses lunettes : quand on les a sur le nez ! » **André Maurois**

« Qu'est-ce que le bonheur, sinon le simple accord entre un être et l'existence qu'il mène ? » Albert Camus

Bonheur'othèque

Christophe André,
Et n'oublie pas d'être heureux,
Odile Jacob, 2014.

Tal Ben-Shahar,
L'Apprentissage du bonheur,
Belfond, 2008.

Élisabeth Couzon et Françoise Dorn,
Petit Manuel du bonheur au féminin,
InterEditions, 2006.

Mihaly Csikszentmihalyi,
Vivre : la psychologie du bonheur,
Pocket, 2007.

Françoise Dorn,
Vivre le bonheur !,
Esf éditeur, 2013.

Françoise Dorn,
Graines de bonheur !,
L'optimiste, 2014.

Matthieu Ricard,
Plaidoyer pour le bonheur,
Pocket, 2004.

Martin Seligman,
La Force de l'optimisme,
InterEditions, 2008.

www.elisabethcouzon.com
www.francoise-dorn.com

Achevé d'imprimer en janvier 2016 par Dimograf, Bielsko-Biala, Pologne

MIXTE
Papier issu de sources responsables
FSC® C018236